TRANZLATY
El idioma es para todos

زبان برای همه است

La Bella y la Bestia

هیولا و زیبایی

Gabrielle-Suzanne Barbot de Villeneuve

Español / فارسی

Copyright © 2025 Tranzlaty
All rights reserved
Published by Tranzlaty
ISBN: 978-1-80572-087-4
Original text by Gabrielle-Suzanne Barbot de Villeneuve
La Belle et la Bête
First published in French in 1740
Taken from The Blue Fairy Book (Andrew Lang)
Illustration by Walter Crane
www.tranzlaty.com

Había una vez un rico comerciante

زمانی یک تاجر ثروتمند بود

Este rico comerciante tuvo seis hijos.

این تاجر ثروتمند شش فرزند داشت

Tenía tres hijos y tres hijas.

او سه پسر و سه دختر داشت

No escatimó en gastos para su educación

او از هیچ هزینه ای برای تحصیل آنها دریغ نکرد

Porque era un hombre sensato

چون او مرد باهوشی بود

pero dio a sus hijos muchos siervos

اما او به فرزندان خود خدمتگزاران زیادی داد

Sus hijas eran extremadamente bonitas

دخترانش فوق العاده زیبا بودند

Y su hija menor era especialmente bonita.

و کوچکترین دخترش به خصوص زیبا بود

Desde niña ya admiraban su belleza

در کودکی زیبایی او قبلاً تحسین شده بود

y la gente la llamaba por su belleza

و مردم به زیبایی او را صدا زدند

Su belleza no se desvaneció a medida que envejecía.

زیبایی او با افزایش سن از بین نرفت

Así que la gente seguía llamándola por su belleza.

بنابراین مردم به زیبایی او را صدا می زدند

Esto puso muy celosas a sus hermanas.

این باعث حسادت خواهرانش شد

Las dos hijas mayores tenían mucho orgullo.

دو دختر بزرگتر غرور زیادی داشتند

Su riqueza era la fuente de su orgullo.

ثروتشان مایه غرورشان بود

y tampoco ocultaron su orgullo

و غرور خود را نیز پنهان نکردند

No visitaron a las hijas de otros comerciantes.

آنها دختران بازرگانان دیگر را ملاقات نکردند

Porque sólo se encuentran con la aristocracia.

زیرا آنها فقط با اشراف ملاقات می کنند

Salían todos los días a fiestas.

آنها هر روز به مهمانی می رفتند

bailes, obras de teatro, conciertos, etc.

توپ، نمایش، کنسرت، و غیره

y se rieron de su hermana menor

و آنها به کوچکترین خواهر خود خندیدند

Porque pasaba la mayor parte del tiempo leyendo

چون بیشتر وقتش را صرف خواندن می کرد

Era bien sabido que eran ricos

معلوم بود که آنها ثروتمند هستند

Así que varios comerciantes eminentes pidieron su mano.

پس چند تاجر سرشناس دست آنها را خواستند

pero dijeron que no se iban a casar

اما آنها گفتند که قصد ازدواج ندارند

Pero estaban dispuestos a hacer algunas excepciones.

اما آنها آماده بودند تا استثناهایی را ایجاد کنند

"Quizás podría casarme con un duque"

شاید بتوانم با یک دوک ازدواج کنم

"Supongo que podría casarme con un conde"

"فکر می کنم می توانم با ارل ازدواج کنم "

Bella agradeció muy civilizadamente a quienes le propusieron matrimonio.

زیبایی بسیار متمدنانه از کسانی که از او خواستگاری کردند تشکر کرد

Ella les dijo que todavía era demasiado joven para casarse.

او به آنها گفت که هنوز برای ازدواج خیلی جوان است

Ella quería quedarse unos años más con su padre.

او می خواست چند سال دیگر پیش پدرش بماند

De repente el comerciante perdió su fortuna.

یکباره تاجر ثروت خود را از دست داد

Lo perdió todo excepto una pequeña casa de campo.

او همه چیز را به جز یک خانه کوچک روستایی از دست داد

Y con lágrimas en los ojos les dijo a sus hijos:

و با چشمانی اشکبار به فرزندانش گفت :

"Tenemos que ir al campo"

"ما باید به روستا برویم "

"y debemos trabajar para vivir"

"و ما باید برای زندگی خود کار کنیم "
Las dos hijas mayores no querían abandonar el pueblo.
دو دختر بزرگتر نمی خواستند شهر را ترک کنند
Tenían varios amantes en la ciudad.
آنها چندین معشوقه در شهر داشتند
y estaban seguros de que uno de sus amantes se casaría con ellos
و مطمئن بودند یکی از معشوقه هایشان با آنها ازدواج خواهد کرد
Pensaban que sus amantes se casarían con ellos incluso sin fortuna.
آنها فکر می کردند که عاشقانشان حتی بدون ثروت با آنها ازدواج خواهند کرد
Pero las buenas damas estaban equivocadas.
اما خانم های خوب اشتباه کردند
Sus amantes los abandonaron muy rápidamente
عاشقانشان خیلی سریع آنها را ترک کردند
porque ya no tenían fortuna
زیرا آنها دیگر هیچ ثروتی نداشتند
Esto demostró que en realidad no eran muy queridos.
این نشان داد که آنها واقعاً مورد پسند نیستند
Todos dijeron que no merecían compasión.
همه گفتند که سزاوار ترحم نیستند
"Nos alegra ver su orgullo humillado"
"ما خوشحالیم که غرور آنها را فروتن می کنیم "
"Que se sientan orgullosos de ordeñar vacas"
بگذار به گاو دوشیدن افتخار کنند
Pero estaban preocupados por Bella.
اما آنها نگران زیبایی بودند
Ella era una criatura tan dulce
اون خیلی موجود شیرینی بود
Ella hablaba tan amablemente a la gente pobre.
او خیلی مهربانانه با مردم فقیر صحبت می کرد
Y ella era de una naturaleza tan inocente.
و او از طبیعت بی گناه بود
Varios caballeros se habrían casado con ella.
چند نفر از آقایان با او ازدواج می کردند

Se habrían casado con ella aunque fuera pobre

با اینکه فقیر بود با او ازدواج می کردند

pero ella les dijo que no podía casarlos

اما او به آنها گفت که نمی تواند با آنها ازدواج کند

porque ella no dejaría a su padre

چون پدرش را ترک نمی کرد

Ella estaba decidida a ir con él al campo.

مصمم بود با او به روستا برود

para que ella pudiera consolarlo y ayudarlo

تا بتواند به او آرامش دهد و کمکش کند

La pobre belleza estaba muy triste al principio.

زیبایی ضعیف در ابتدا بسیار غمگین شد

Ella estaba afligida por la pérdida de su fortuna.

او از از دست دادن ثروت خود غمگین بود

"Pero llorar no cambiará mi suerte"

"اما گریه کردن شانس من را تغییر نمی دهد "

"Debo intentar ser feliz sin riquezas"

"من باید سعی کنم خودم را بدون ثروت خوشحال کنم "

Llegaron a su casa de campo

آنها به خانه روستایی خود آمدند

y el comerciante y sus tres hijos se dedicaron a la agricultura

و بازرگان و سه پسرش به دامداری پرداختند

Bella se levantó a las cuatro de la mañana.

زیبایی ساعت چهار صبح بلند شد

y se apresuró a limpiar la casa

و عجله کرد تا خانه را تمیز کند

y se aseguró de que la cena estuviera lista

و او مطمئن شد که شام آماده است

Al principio encontró su nueva vida muy difícil.

در ابتدا او زندگی جدید خود را بسیار دشوار یافت

porque no estaba acostumbrada a ese tipo de trabajo

زیرا او به چنین کاری عادت نکرده بود

Pero en menos de dos meses se hizo más fuerte.

اما در کمتر از دو ماه او قوی تر شد

Y ella estaba más sana que nunca.

و او سالم تر از همیشه بود

Después de haber hecho su trabajo, leyó
بعد از اینکه کارش را انجام داد خواند
Ella tocaba el clavicémbalo
او با هارپسیکورد می نواخت
o cantaba mientras hilaba seda
یا در حالی که ابریشم می چرخید آواز می خواند
Por el contrario, sus dos hermanas no sabían cómo pasar el tiempo.
برعکس، دو خواهرش نمی دانستند چگونه وقت خود را بگذرانند
Se levantaron a las diez y no hicieron nada más que holgazanear todo el día.
آنها ساعت ده از خواب بیدار شدند و کاری جز تنبلی در تمام روز انجام ندادند
Lamentaron la pérdida de sus hermosas ropas.
آنها از گم شدن لباسهای خوب خود ابراز تاسف کردند
y se quejaron de perder a sus conocidos
و از از دست دادن آشنایان خود شکایت کردند
"Mirad a nuestra hermana menor", se dijeron.
آنها به یکدیگر گفتند" :به خواهر کوچک ما نگاه کنید ".
"¡Qué criatura tan pobre y estúpida es!"
"او چه موجود فقیر و احمقی است"
"Es mezquino contentarse con tan poco"
"به این معنی است که به این مقدار کم راضی باشیم"
El amable comerciante tenía una opinión muy diferente.
تاجر مهربان نظر کاملاً متفاوتی داشت
Él sabía muy bien que Bella eclipsaba a sus hermanas.
او به خوبی می دانست که زیبایی بیش از خواهرانش است
Ella los eclipsó tanto en carácter como en mente.
او در شخصیت و همچنین ذهن آنها را درخشید
Él admiraba su humildad y su arduo trabajo.
فروتنی و سخت کوشی او را تحسین کرد
Pero sobre todo admiraba su paciencia.
اما بیشتر از همه او صبرا او را تحسین کرد
Sus hermanas le dejaron todo el trabajo por hacer.
خواهرانش تمام کارها را به او واگذار کردند
y la insultaban a cada momento

و هر لحظه به او توهین می کردند

La familia había vivido así durante aproximadamente un año.

خانواده حدود یک سال اینگونه زندگی کرده بودند

Entonces el comerciante recibió una carta de un contable.

سپس تاجر نامه ای از یک حسابدار دریافت کرد

Tenía una inversión en un barco.

او در یک کشتی سرمایه گذاری کرده بود

y el barco había llegado sano y salvo

و کشتی به سلامت رسیده بود

Esta noticia hizo que las dos hijas mayores se volvieran locas.

او سر دو دختر بزرگ را برگرداند

Inmediatamente tuvieron esperanzas de regresar a la ciudad.

آنها بلافاصله امیدوار بودند که به شهر بازگردند

Porque estaban bastante cansados de la vida en el campo.

زیرا آنها از زندگی روستایی بسیار خسته بودند

Fueron a ver a su padre cuando él se iba.

در حالی که پدرشان می رفت، نزد پدر رفتند

Le rogaron que les comprara ropa nueva

از او التماس کردند که برایشان لباس نو بخرد

Vestidos, cintas y todo tipo de cositas.

لباس، روبان، و انواع چیزهای کوچک

Pero Bella no pedía nada.

اما زیبایی چیزی نخواست

Porque pensó que el dinero no sería suficiente.

چون فکر می کرد پول کافی نیست

No habría suficiente para comprar todo lo que sus hermanas querían.

برای خرید هر چیزی که خواهرانش می خواستند کافی نبود

- ¿Qué te gustaría, Bella? -preguntó su padre.

"چی دوست داری، زیبایی؟" از پدرش پرسید

"Gracias, padre, por la bondad de pensar en mí", dijo.

او گفت:" پدر، از تو متشکرم که به فکر من هستی ".

"Padre, ten la amabilidad de traerme una rosa"

"پدر، آنقدر مهربان باش که برای من گل رز بیاوری "

"Porque aquí en el jardín no crecen rosas"
"چون هیچ گل رز اینجا در باغ نمی روید "
"y las rosas son una especie de rareza"
"و گل رز نوعی کمیاب است "
A Bella realmente no le importaban las rosas
زیبایی واقعاً به گل رز اهمیت نمی داد
Ella solo pidió algo para no condenar a sus hermanas.
او فقط چیزی خواست که خواهرانش را محکوم نکند
Pero sus hermanas pensaron que ella pidió rosas por otros motivos.
اما خواهرانش فکر کردند که او به دلایل دیگری گل رز خواسته است
"Lo hizo sólo para parecer especial"
"او این کار را انجام داد تا خاص به نظر برسد "
El hombre amable continuó su viaje.
مرد مهربان به سفر خود رفت
pero cuando llego discutieron sobre la mercancia
اما هنگامی که او رسید، آنها در مورد کالا بحث کردند
Y después de muchos problemas volvió tan pobre como antes.
و پس از مشقت های فراوان، مثل قبل فقیر بازگشت
Estaba a un par de horas de su propia casa.
او چند ساعت از خانه خود فاصله داشت
y ya imaginaba la alegría de ver a sus hijos
و او قبلاً لذت دیدن فرزندانش را تصور می کرد
pero al pasar por el bosque se perdió
اما هنگام عبور از جنگل گم شد
Llovió y nevó terriblemente
باران و برف وحشتناکی بارید
El viento era tan fuerte que lo arrojó del caballo.
باد آنقدر شدید بود که او را از اسبش پرت کرد
Y la noche se acercaba rápidamente
و شب به سرعت فرا می رسید
Empezó a pensar que podría morir de hambre.
او شروع به فکر کرد که ممکن است از گرسنگی بمیرد
y pensó que podría morir congelado
و فکر کرد که ممکن است یخ بزند تا بمیرد

y pensó que los lobos podrían comérselo

و او فکر کرد که ممکن است گرگ ها او را بخورند

Los lobos que oía aullar a su alrededor

زوزه گرگ ها را در اطرافش شنید

Pero de repente vio una luz.

اما ناگهان نوری را دید

Vio la luz a lo lejos entre los árboles.

نور را از راه دور از میان درختان دید

Cuando se acercó vio que la luz era un palacio.

وقتی نزدیکتر شد دید که نور یک قصر است

El palacio estaba iluminado de arriba a abajo.

کاخ از بالا به پایین روشن شد

El comerciante agradeció a Dios por su suerte.

تاجر خدا را به خاطر شانسش شکر کرد

y se apresuró a ir al palacio

و با عجله به سمت قصر رفت

Pero se sorprendió al no ver gente en el palacio.

اما از دیدن هیچ مردمی در قصر شگفت زده شد

El patio estaba completamente vacío.

حیاط دادگاه کاملا خالی بود

y no había señales de vida en ninguna parte

و هیچ نشانی از زندگی وجود نداشت

Su caballo lo siguió hasta el palacio.

اسبش به دنبال او وارد قصر شد

y luego su caballo encontró un gran establo

و سپس اسب او اصطبل بزرگی یافت

El pobre animal estaba casi muerto de hambre.

حیوان بیچاره تقریباً گرسنه شده بود

Entonces su caballo fue a buscar heno y avena.

بنابراین اسب او برای یافتن یونجه و جو به داخل رفت

Afortunadamente encontró mucho para comer.

خوشبختانه او مقدار زیادی برای خوردن پیدا کرد

y el mercader ató su caballo al pesebre

و بازرگان اسب خود را به آخور بست

Caminando hacia la casa no vio a nadie.

وقتی به سمت خانه می رفت کسی را ندید

Pero en un gran salón encontró un buen fuego.
اما در یک سالن بزرگ آتش خوبی پیدا کرد
y encontró una mesa puesta para uno
و او یک میز برای یکی پیدا کرد
Estaba mojado por la lluvia y la nieve.
از باران و برف خیس شده بود
Entonces se acercó al fuego para secarse.
پس نزدیک آتش رفت تا خود را خشک کند
"Espero que el dueño de la casa me disculpe"
"امیدوارم ارباب خانه مرا ببخشد "
"Supongo que no tardará mucho en aparecer alguien"
"فکر می کنم زمان زیادی طول نمی کشد تا کسی ظاهر شود "
Esperó un tiempo considerable
او مدت قابل توجهی منتظر ماند
Esperó hasta que dieron las once y todavía no venía nadie.
او صبر کرد تا اینکه به یازده رسید، اما هنوز کسی نیامد
Al final tenía tanta hambre que no podía esperar más.
بالاخره آنقدر گرسنه بود که دیگر نمی توانست صبر کند
Tomó un poco de pollo y se lo comió en dos bocados.
مقداری مرغ گرفت و در دو لقمه خورد
Estaba temblando mientras comía la comida.
هنگام خوردن غذا می لرزید
Después de esto bebió unas copas de vino.
بعد از این چند لیوان شراب نوشید
Cada vez más valiente, salió del salón.
با شجاعت بیشتر از سالن بیرون رفت
y atravesó varios grandes salones
و از چندین سالن بزرگ عبور کرد
Caminó por el palacio hasta llegar a una cámara.
او در قصر قدم زد تا اینکه وارد یک اتاق شد
Una habitación que tenía una cama muy buena.
اتاقی که بستر بسیار خوبی در آن بود
Estaba muy fatigado por su terrible experiencia.
او از مصیبت خود بسیار خسته بود
Y ya era pasada la medianoche
و ساعت از نیمه شب گذشته بود

Entonces decidió que era mejor cerrar la puerta.

بنابراین او تصمیم گرفت که بهتر است در را ببندد

y concluyó que debía irse a la cama

و او به این نتیجه رسید که باید به رختخواب برود

Eran las diez de la mañana cuando el comerciante se despertó.

ساعت ده صبح بود که تاجر از خواب بیدار شد

Justo cuando iba a levantarse vio algo

همین که می خواست بلند شود چیزی دید

Se sorprendió al ver un conjunto de ropa limpia.

او از دیدن یک مجموعه لباس تمیز شگفت زده شد

En el lugar donde había dejado su ropa sucia.

در جایی که لباس های کثیفش را جا گذاشته بود

"Seguramente este palacio pertenece a algún tipo de hada"

"مطمئناً این قصر متعلق به یک پری مهربان است "

" Un hada que me ha visto y se ha compadecido de mí"

"پری که مرا دیده و ترحم کرده است "

Miró por una ventana

از پنجره نگاه کرد

Pero en lugar de nieve vio el jardín más delicioso.

اما به جای برف، دلپذیرترین باغ را دید

Y en el jardín estaban las rosas más hermosas.

و در باغ زیباترین گلهای رز بود

Luego regresó al gran salón.

سپس به سالن بزرگ بازگشت

El salón donde había tomado sopa la noche anterior.

سالنی که شب قبل در آن سوپ خورده بود

y encontró un poco de chocolate en una mesita

و مقداری شکلات روی میز کوچکی پیدا کرد

"Gracias, buena señora hada", dijo en voz alta.

با صدای بلند گفت :متشکرم خانم پری خوب

"Gracias por ser tan cariñoso"

"ممنونم که اینقدر دقت کردی "

"Le estoy sumamente agradecido por todos sus favores"

"من به خاطر همه لطف شما به شما بسیار متعهد هستم "

El hombre amable bebió su chocolate.

مرد مهربان شکلاتش را نوشید
y luego fue a buscar su caballo
و سپس به دنبال اسب خود رفت
Pero en el jardín recordó la petición de Bella.
اما در باغ به یاد خواسته زیبایی افتاد
y cortó una rama de rosas
و شاخه ای از گل رز را برید
Inmediatamente oyó un gran ruido
فورا صدای بزرگی شنید
y vio una bestia terriblemente espantosa
و او جانور وحشتناکی را دید
Estaba tan asustado que estaba a punto de desmayarse.
او آنقدر ترسیده بود که آماده غش کردن بود
-Eres muy desagradecido -le dijo la bestia.
جانور به او گفت: تو بسیار ناسپاسی
Y la bestia habló con voz terrible
و جانور با صدای وحشتناکی صحبت کرد
"Te he salvado la vida al permitirte entrar en mi castillo"
"من با اجازه دادن تو به قلعه خود جان تو را نجات دادم "
"¿Y a cambio me robas mis rosas?"
" و برای این تو در عوض گل رز مرا می دزدی؟ "
"Las rosas que valoro más que nada"
"رزهایی که من بیش از هر چیزی برای آنها ارزش قائل هستم "
"Pero morirás por lo que has hecho"
"اما تو باید برای کاری که انجام دادی بمیری "
"Sólo te doy un cuarto de hora para que te prepares"
فقط یک ربع به شما فرصت می دهم تا خودتان را آماده کنید .
"Prepárate para la muerte y di tus oraciones"
"خودت را برای مرگ آماده کن و نمازت را بخوان "
El comerciante cayó de rodillas
تاجر روی زانو افتاد
y alzó ambas manos
و هر دو دستش را بلند کرد
"Mi señor, le ruego que me perdone"
"پروردگار من، از تو می خواهم که مرا ببخشی "
"No tuve intención de ofenderte"

"من قصد توهین نداشتم "
"Recogí una rosa para una de mis hijas"
"من برای یکی از دخترانم گل رز جمع کردم "
"Ella me pidió que le trajera una rosa"
"او از من خواست برایش گل رز بیاورم "
-No soy tu señor, pero soy una bestia -respondió el monstruo.

هیولا پاسخ داد» :من ارباب شما نیستم، بلکه یک حیوان هستم
"No me gustan los cumplidos"
"من عاشق تعارف نیستم "
"Me gusta la gente que habla como piensa"
"من افرادی را دوست دارم که همانطور که فکر می کنند صحبت می کنند "
"No creas que me puedo conmover con halagos"
"تصور نکن من می توانم تحت تاثیر چاپلوسی قرار بگیرم "
"Pero dices que tienes hijas"
"اما شما می گویید که دختر دارید "
"Te perdonaré con una condición"
"به یک شرط میبخشمت "
"Una de tus hijas debe venir voluntariamente a mi palacio"
"یکی از دخترانت باید با کمال میل به قصر من بیاید "
"y ella debe sufrir por ti"
"و او باید برای تو رنج بکشد "
"Déjame tener tu palabra"
"بگذار حرفت را بزنم "
"Y luego podrás continuar con tus asuntos"
"و سپس می توانید به کار خود بروید "
"Prométeme esto:"
"به من قول بده ":
"Si tu hija se niega a morir por ti, deberás regresar dentro de tres meses"
"اگر دخترت حاضر نشد برایت بمیرد، باید ظرف سه ماه برگردی ".
El comerciante no tenía intenciones de sacrificar a sus hijas.
تاجر هیچ قصدی برای قربانی کردن دخترانش نداشت
Pero, como le habían dado tiempo, quiso volver a ver a sus hijas.

اما از آنجایی که به او فرصت داده شد، می خواست یک بار دیگر دخترانش را ببیند

Así que prometió que volvería.

پس قول داد که برمی گردد

Y la bestia le dijo que podía partir cuando quisiera.

و جانور به او گفت که ممکن است وقتی بخواهد به راه بیفتد

y la bestia le dijo una cosa más

و جانور یک چیز دیگر به او گفت

"No te irás con las manos vacías"

"تو نباید دست خالی بروی "

"Vuelve a la habitación donde yacías"

"برگرد به اتاقی که در آن دراز کشیده ای "

"Verás un gran cofre del tesoro vacío"

"شما یک صندوقچه گنج خالی بزرگ خواهید دید "

"Llena el cofre del tesoro con lo que más te guste"

"صندوق گنج را با هر چیزی که دوست دارید پر کنید "

"y enviaré el cofre del tesoro a tu casa"

"و من صندوق گنج را به خانه شما خواهم فرستاد "

Y al mismo tiempo la bestia se retiró.

و در همان زمان وحش عقب نشینی کرد

"Bueno", se dijo el buen hombre.

مرد خوب با خود گفت :خوب

"Si tengo que morir, al menos dejaré algo a mis hijos"

"اگر باید بمیرم، حداقل چیزی را به فرزندانم خواهم گذاشت "

Así que regresó al dormitorio.

پس به اتاق خواب برگشت

y encontró una gran cantidad de piezas de oro

و او مقدار زیادی طلا پیدا کرد

Llenó el cofre del tesoro que la bestia había mencionado.

او صندوقچه گنجی را که جانور ذکر کرده بود پر کرد

y sacó su caballo del establo

و اسبش را از اصطبل بیرون آورد

La alegría que sintió al entrar al palacio ahora era igual al dolor que sintió al salir de él.

لذتی که هنگام ورود به قصر احساس می کرد اکنون برابر با اندوهی بود که از ترک آن احساس می کرد

El caballo tomó uno de los caminos del bosque.

اسب یکی از جاده های جنگل را طی کرد

Y en pocas horas el buen hombre estaba en casa.

و بعد از چند ساعت مرد خوب به خانه رسید

Sus hijos vinieron a él

فرزندانش نزد او آمدند

Pero en lugar de recibir sus abrazos con placer, los miró.

اما به جای اینکه آغوش آنها را با لذت بپذیرد، به آنها نگاه کرد

Levantó la rama que tenía en sus manos.

شاخه ای را که در دستانش بود بالا گرفت

y luego estalló en lágrimas

و بعد اشک ریخت

"Belleza", dijo, "por favor toma estas rosas".

او گفت" :زیبایی، لطفا این گل رز ها را بردارید "

"No puedes saber lo costosas que han sido estas rosas"

"شما نمی توانید بدانید که این گل رز چقدر گران بوده است "

"Estas rosas le han costado la vida a tu padre"

"این گل رز به قیمت جان پدرت تمام شد "

Y luego contó su fatal aventura.

و سپس از ماجراجویی مرگبار خود گفت

Inmediatamente las dos hermanas mayores gritaron.

بلافاصله دو خواهر بزرگتر فریاد زدند

y le dijeron muchas cosas malas a su hermosa hermana

و آنها چیزهای بد زیادی به خواهر زیبای خود گفتند

Pero Bella no lloró en absoluto.

اما زیبایی اصلا گریه نکرد

"Mirad el orgullo de ese pequeño desgraciado", dijeron.

آنها گفتند" :به غرور آن بدبخت کوچک نگاه کنید ".

"ella no pidió ropa fina"

"او لباس خوب نخواست "

"Ella debería haber hecho lo que hicimos"

"او باید کاری را که ما انجام دادیم انجام می داد "

"ella quería distinguirse"

"او می خواست خود را متمایز کند "

"Así que ahora ella será la muerte de nuestro padre"

"پس اکنون او مرگ پدر ما خواهد بود "

"Y aún así no derrama ni una lágrima"

"و با این حال او اشک نمی ریزد "

"¿Por qué debería llorar?" respondió Bella

"چرا باید گریه کنم؟ "زیبایی جواب داد

"Llorar sería muy innecesario"

"گریه کردن خیلی بی نیاز خواهد بود "

"mi padre no sufrirá por mí"

"پدرم برای من عذاب نمی کشد "

"El monstruo aceptará a una de sus hijas"

"هیولا یکی از دخترانش را می پذیرد "

"Me ofreceré a toda su furia"

"من خودم را در برابر تمام خشم او تقدیم خواهم کرد "

"Estoy muy feliz, porque mi muerte salvará la vida de mi padre"

من بسیار خوشحالم، زیرا مرگ من جان پدرم را نجات خواهد داد .

"mi muerte será una prueba de mi amor"

"مرگ من دلیلی بر عشق من خواهد بود "

-No, hermana -dijeron sus tres hermanos.

سه برادرش گفتند :نه خواهر

"Eso no será"

"این نمی شود "

"Iremos a buscar al monstruo"

"ما میریم هیولا رو پیدا میکنیم "

"y o lo matamos..."

"و یا ما او را خواهیم کشت "...

"...o pereceremos en el intento"

..."وگرنه در تلاش هلاک خواهیم شد "

"No imaginéis tal cosa, hijos míos", dijo el mercader.

تاجر گفت :پسرانم چنین چیزی را تصور نکنید

"El poder de la bestia es tan grande que no tengo esperanzas de que puedas vencerlo"

"قدرت جانور آنقدر زیاد است که من هیچ امیدی ندارم که بتوانید بر او غلبه کنید "

"Estoy encantado con la amable y generosa oferta de Bella"

"من شیفته پیشنهاد مهربان و سخاوتمندانه زیبایی هستم"

"pero no puedo aceptar su generosidad"

"اما من نمی توانم سخاوت او را بپذیرم"
"Soy viejo y no me queda mucho tiempo de vida"
"من پیر هستم و مدت زیادی برای زندگی کردن ندارم"
"Así que sólo puedo perder unos pocos años"
"پس من فقط می توانم چند سال از دست بدهم"
"Tiempo que lamento por vosotros, mis queridos hijos"
"زمانی که برای شما افسوس خوردم فرزندان عزیزم"
"Pero padre", dijo Bella

زیبایی گفت: اما پدر
"No irás al palacio sin mí"
"تو بدون من به قصر نخواهی رفت"
"No puedes impedir que te siga"
"تو نمی‌توانی من را از دنبال کردن تو بازداری"
Nada podría convencer a Bella de lo contrario.

هیچ چیز نمی تواند زیبایی را متقاعد کند
Ella insistió en ir al bello palacio.

او اصرار داشت که به قصر خوب برود
y sus hermanas estaban encantadas con su insistencia

و خواهرانش از اصرار او خوشحال شدند
El comerciante estaba preocupado ante la idea de perder a su hija.

تاجر از فکر از دست دادن دخترش نگران بود
Estaba tan preocupado que se había olvidado del cofre lleno de oro.

آنقدر نگران بود که سینه پر از طلا را فراموش کرده بود
Por la noche se retiró a descansar y cerró la puerta de su habitación.

شب برای استراحت بازنشسته شد و در اتاقش را بست
Entonces, para su gran asombro, encontró el tesoro junto a su cama.

سپس، در کمال شگفتی، گنج را در کنار تختش یافت
Estaba decidido a no contárselo a sus hijos.

او مصمم بود به فرزندانش چیزی نگوید
Si lo supieran, hubieran querido regresar al pueblo.

اگر می دانستند، می خواستند به شهر بازگردند
y estaba decidido a no abandonar el campo

و او تصمیم گرفت که روستا را ترک نکند

Pero él confió a Bella el secreto.

اما او به زیبایی راز اعتماد کرد

Ella le informó que dos caballeros habían llegado.

به او خبر داد که دو آقا آمده اند

y le hicieron propuestas a sus hermanas

و به خواهرانش پیشنهاد دادند

Ella le rogó a su padre que consintiera su matrimonio.

او از پدرش التماس کرد که با ازدواج آنها موافقت کند

y ella le pidió que les diera algo de su fortuna

و از او خواست تا مقداری از دارایی خود را به آنها بدهد

Ella ya los había perdonado.

او قبلاً آنها را بخشیده بود

Las malvadas criaturas se frotaron los ojos con cebollas.

موجودات شریر چشمان خود را با پیاز مالیدند

Para forzar algunas lágrimas cuando se separaron de su hermana.

وقتی از خواهرشان جدا شدند کمی اشک بریزند

Pero sus hermanos realmente estaban preocupados.

اما برادران او واقعا نگران بودند

Bella fue la única que no derramó ninguna lágrima.

زیبایی تنها کسی بود که اشک نریخت

Ella no quería aumentar su malestar.

او نمی خواست ناراحتی آنها را افزایش دهد

El caballo tomó el camino directo al palacio.

اسب راه مستقیم قصر را در پیش گرفت

y hacia la tarde vieron el palacio iluminado

و نزدیک غروب کاخ نورانی را دیدند

El caballo volvió a entrar solo en el establo.

اسب دوباره خودش را به داخل اصطبل برد

Y el buen hombre y su hija entraron en el gran salón.

و مرد خوب و دخترش به سالن بزرگ رفتند

Aquí encontraron una mesa espléndidamente servida.

در اینجا میزی را پیدا کردند که با شکوه سرو شده بود

El comerciante no tenía apetito para comer

تاجر اشتهایی برای خوردن نداشت

Pero Bella se esforzó por parecer alegre.

اما زیبایی تلاش می کرد که شاد به نظر برسد

Ella se sentó a la mesa y ayudó a su padre.

پشت میز نشست و به پدرش کمک کرد

Pero también pensó para sí misma:

اما او همچنین با خود فکر کرد :

"La bestia seguramente quiere engordarme antes de comerme"

"جانور مطمئناً قبل از اینکه مرا بخورد می خواهد مرا چاق کند "

"Por eso ofrece tanto entretenimiento"

"به همین دلیل است که او چنین سرگرمی های فراوانی را فراهم می کند "

Después de haber comido oyeron un gran ruido.

بعد از اینکه غذا خوردند صدای بلندی شنیدند

Y el comerciante se despidió de su desdichado hijo con lágrimas en los ojos.

و بازرگان با چشمانی اشکبار با فرزند نگون بخت خود خداحافظی کرد

Porque sabía que la bestia venía

چون می دانست که جانور در حال آمدن است

Bella estaba aterrorizada por su horrible forma.

زیبایی از فرم وحشتناک او وحشت داشت

Pero ella tomó coraje lo mejor que pudo.

اما او تا آنجا که می توانست شجاعت به خرج داد

Y el monstruo le preguntó si venía voluntariamente.

و هیولا از او پرسید که آیا با میل آمده است؟

-Sí, he venido voluntariamente -dijo temblando.

او با لرزش گفت" :بله، من با کمال میل آمده ام ".

La bestia respondió: "Eres muy bueno"

جانور پاسخ داد" :تو خیلی خوب هستی "

"Y te lo agradezco mucho, hombre honesto"

"و من بر تو بسیار متعهد هستم ای مرد صادق "

"Continuad vuestro camino mañana por la mañana"

"فردا صبح راهت را برو "

"Pero nunca pienses en venir aquí otra vez"

"اما هرگز به آمدن دوباره به اینجا فکر نکن "

"Adiós bella, adiós bestia", respondió.

او پاسخ داد: "خداحافظ زیبایی، خداحافظ جانور ".
Y de inmediato el monstruo se retiró.
و بلافاصله هیولا عقب نشینی کرد
"Oh, hija", dijo el comerciante.
تاجر گفت: آه دختر
y abrazó a su hija una vez más
و یک بار دیگر دخترش را در آغوش گرفت
"Estoy casi muerto de miedo"
"من تقریباً از مرگ می ترسم "
"Créeme, será mejor que regreses"
"باور کن بهتره برگردی"
"déjame quedarme aquí, en tu lugar"
"بگذار به جای تو اینجا بمانم "
—No, padre —dijo Bella con tono decidido.
زیبایی با لحنی مصمم گفت: نه پدر
"Partirás mañana por la mañana"
"فردا صبح راهی خواهی شد "
"déjame al cuidado y protección de la providencia"
"مرا به مراقبت و حمایت مشیت بسپار "
Aún así se fueron a la cama
با این حال آنها به رختخواب رفتند
Pensaron que no cerrarían los ojos en toda la noche.
آنها فکر می کردند که تمام شب چشمان خود را نمی بندند
pero justo cuando se acostaron se durmieron
اما همانطور که دراز کشیدند خوابیدند
Bella soñó que una bella dama se acercó y le dijo:
زیبا رو خواب دید زنی خوب آمد و به او گفت:
"Estoy contento, bella, con tu buena voluntad"
"من از حسن نیت تو راضی هستم، زیبایی "
"Esta buena acción tuya no quedará sin recompensa"
"این عمل خوب شما بدون پاداش نخواهد ماند ".
Bella se despertó y le contó a su padre su sueño.
زیبایی از خواب بیدار شد و خواب خود را به پدرش گفت
El sueño ayudó a consolarlo un poco.
رویا به او کمک کرد تا کمی آرامش داشته باشد
Pero no pudo evitar llorar amargamente mientras se

marchaba.

اما در حین خروج نتوانست گریه های تلخی را از خود دور کند

Tan pronto como se fue, Bella se sentó en el gran salón y lloró también.

به محض اینکه او رفت، زیبایی در سالن بزرگ نشست و گریه کرد

Pero ella decidió no sentirse inquieta.

اما او تصمیم گرفت که ناراحت نباشد

Ella decidió ser fuerte por el poco tiempo que le quedaba de vida.

او تصمیم گرفت برای مدت کمی که برای زندگی باقی مانده بود قوی باشد

Porque creía firmemente que la bestia la comería.

زیرا او کاملاً معتقد بود که جانور او را خواهد خورد

Sin embargo, pensó que también podría explorar el palacio.

با این حال، او فکر کرد که می تواند کاخ را نیز کشف کند

y ella quería ver el hermoso castillo

و او می خواست قلعه زیبا را ببیند

Un castillo que no pudo evitar admirar.

قلعه ای که او نمی توانست آن را تحسین کند

Era un palacio deliciosamente agradable.

این یک قصر لذت بخش و دلپذیر بود

y ella se sorprendió muchísimo al ver una puerta

و او از دیدن یک در بسیار متعجب شد

Y sobre la puerta estaba escrito que era su habitación.

و بالای در نوشته بود که اتاق اوست

Ella abrió la puerta apresuradamente

او با عجله در را باز کرد

y ella quedó completamente deslumbrada con la magnificencia de la habitación.

و او کاملاً از شکوه اتاق خیره شده بود

Lo que más le llamó la atención fue una gran biblioteca.

چیزی که بیشتر توجه او را به خود جلب کرد یک کتابخانه بزرگ بود

Un clavicémbalo y varios libros de música.

یک هارپسیکورد و چندین کتاب موسیقی

"Bueno", se dijo a sí misma.

با خودش گفت": خب".

"Veo que la bestia no dejará que mi tiempo cuelgue pesadamente"

"من می بینم که هیولا نمی گذارد زمان من سنگین شود "

Entonces reflexionó sobre su situación.

سپس در مورد وضعیت خود با خود فکر کرد

"Si me hubiera quedado un día, todo esto no estaría aquí"

"اگر قرار بود یک روز بمانم همه اینها اینجا نبود "

Esta consideración le inspiró nuevo coraje.

این توجه به او شجاعت تازه ای را برانگیخت

y tomó un libro de su nueva biblioteca

و از کتابخانه جدیدش کتابی برداشت

y leyó estas palabras en letras doradas:

و این کلمات را با حروف طلایی خواند :

"Bienvenida Bella, destierra el miedo"

"به زیبایی خوش آمدی، ترس را دور کن "

"Eres reina y señora aquí"

"شما در اینجا ملکه و معشوقه هستید "

"Di tus deseos, di tu voluntad"

"آرزوهایت را بگو، اراده ات را بگو "

"Aquí la obediencia rápida cumple tus deseos"

"اطاعت سریع خواسته های شما را در اینجا برآورده می کند "

"¡Ay!", dijo ella con un suspiro.

او با آه گفت :افسوس

"Lo que más deseo es ver a mi pobre padre"

"بیشتر از همه آرزو دارم پدر بیچاره ام را ببینم "

"y me gustaría saber qué está haciendo"

"و من می خواهم بدانم او چه کار می کند "

Tan pronto como dijo esto se dio cuenta del espejo.

همین که این را گفت متوجه آینه شد

Para su gran asombro, vio su propia casa en el espejo.

در کمال تعجب او خانه خود را در آینه دید

Su padre llegó emocionalmente agotado.

پدرش از لحاظ عاطفی خسته از راه رسید

Sus hermanas fueron a recibirlo

خواهرانش به ملاقات او رفتند

A pesar de sus intentos de parecer tristes, su alegría era

visible.

علیرغم تلاش آنها برای غمگین به نظر رسیدن، شادی آنها قابل مشاهده بود

Un momento después todo desapareció

یک لحظه بعد همه چیز ناپدید شد

Y las aprensiones de Bella también desaparecieron.

و دلهره های زیبایی نیز ناپدید شد

porque sabía que podía confiar en la bestia

زیرا می دانست که می تواند به جانور اعتماد کند

Al mediodía encontró la cena lista.

ظهر او شام را آماده یافت

Ella se sentó a la mesa

خودش پشت میز نشست

y se entretuvo con un concierto de música

و او با یک کنسرت موسیقی سرگرم شد

Aunque no podía ver a nadie

اگرچه او نمی توانست کسی را ببیند

Por la noche se sentó a cenar otra vez

شب دوباره برای شام نشست

Esta vez escuchó el ruido que hizo la bestia.

این بار صدای هیولا را شنید

y ella no pudo evitar estar aterrorizada

و او نمی‌توانست جلوی ترسش را بگیرد

"belleza", dijo el monstruo

هیولا گفت :زیبایی

"¿Me permites comer contigo?"

"اجازه می دهی با تو غذا بخورم؟ "

"Haz lo que quieras", respondió Bella temblando.

زیبایی لرزان پاسخ داد": هر کاری که دوست داری انجام بده ".

"No", respondió la bestia.

جانور پاسخ داد :نه

"Sólo tú eres la señora aquí"

"شما تنها معشوقه ای اینجا هستید "

"Puedes despedirme si soy problemático"

"اگر مشکل دارم، می توانید مرا بفرستید "

"Despídeme y me retiraré inmediatamente"

"مرا بفرست و من فورا عقب نشینی میکنم "
-Pero dime, ¿no te parece que soy muy fea?
"اما، به من بگو، آیا فکر نمی کنی من خیلی زشت هستم؟ "
"Eso es verdad", dijo Bella.
زیبایی گفت :این درست است
"No puedo decir una mentira"
"نمیتونم دروغ بگم "
"Pero creo que tienes muy buen carácter"
"اما من معتقدم که شما خیلی خوب هستید "
"Sí, lo soy", dijo el monstruo.
هیولا گفت" :من واقعا هستم ".
"Pero aparte de mi fealdad, tampoco tengo sentido"
"اما جدا از زشتی‌هایم، عقل هم ندارم "
"Sé muy bien que soy una criatura tonta"
"من به خوبی می دانم که من یک موجود احمق هستم "
—No es ninguna locura pensar así —replicó Bella.
زیبایی پاسخ داد" :اینگونه فکر کردن نشانه حماقت نیست ".
"Come entonces, bella", dijo el monstruo.
هیولا گفت» :پس زیبایی «.
"Intenta divertirte en tu palacio"
"سعی کن خودت را در قصرت سرگرم کنی "
"Todo aquí es tuyo"
"اینجا همه چیز مال توست "
"Y me sentiría muy incómodo si no fueras feliz"
"و اگر تو خوشحال نبودی من خیلی ناراحت می شدم "
-Eres muy servicial -respondió Bella.
زیبایی پاسخ داد" :شما بسیار موظف هستید ".
"Admito que estoy complacido con su amabilidad"
"اعتراف می کنم از لطف شما راضی هستم"
"Y cuando considero tu bondad, apenas noto tus deformidades"
"و وقتی مهربانی شما را در نظر می گیرم، به سختی متوجه بدشکلی های شما می شوم "
"Sí, sí", dijo la bestia, "mi corazón es bueno".
جانور گفت :بله، بله، قلب من خوب است
"Pero aunque soy bueno, sigo siendo un monstruo"

"اما با وجود اینکه خوب هستم، من هنوز یک هیولا هستم"
"Hay muchos hombres que merecen ese nombre más que tú"
"مردان زیادی هستند که بیش از شما سزاوار این نام هستند"
"Y te prefiero tal como eres"
"و من تو را همانگونه که هستی ترجیح می دهم"
"y te prefiero más que a aquellos que esconden un corazón ingrato"
«و من تو را از کسانی که قلب ناسپاسی را پنهان می دارند ترجیح می دهم.»
"Si tuviera algo de sentido común", respondió la bestia.
جانور پاسخ داد: "اگر فقط کمی عقل داشتم".
"Si tuviera sentido común, te haría un buen cumplido para agradecerte"
"اگر عقل داشتم برای تشکر از شما یک تعریف خوب انجام می دادم"
"Pero soy tan aburrida"
"اما من خیلی کسل هستم"
"Sólo puedo decir que le estoy muy agradecido"
"فقط می توانم بگویم که به شما بسیار متعهد هستم"
Bella comió una cena abundante
زیبایی یک شام مقوی خورد
y ella casi había superado su miedo al monstruo
و او تقریباً بر ترس خود از هیولا غلبه کرده بود
Pero ella quería desmayarse cuando la bestia le hizo la siguiente pregunta.
اما وقتی هیولا سوال بعدی را از او پرسید می خواست غش کند
"Belleza, ¿quieres ser mi esposa?"
"زیبایی، همسر من می شوی؟"
Ella tardó un tiempo antes de poder responder.
او مدتی طول کشید تا بتواند پاسخ دهد
Porque tenía miedo de hacerlo enojar
چون می ترسید او را عصبانی کند
Al final, sin embargo, dijo: "No, bestia".
با این حال، در نهایت او گفت" نه، جانور"
Inmediatamente el pobre monstruo silbó muy espantosamente.
بلافاصله هیولای بیچاره به طرز وحشتناکی خش خش کرد

y todo el palacio hizo eco
و تمام قصر طنین انداز شد
Pero Bella pronto se recuperó de su susto.
اما زیبایی به زودی از ترس او خلاص شد
porque la bestia volvió a hablar con voz triste
زیرا وحش دوباره با صدای غم انگیز صحبت کرد
"Entonces adiós, belleza"
"پس خداحافظ ای زیبایی"
y sólo se volvía de vez en cuando
و او فقط گهگاه به عقب برمی گشت
mirarla mientras salía
وقتی بیرون می رفت به او نگاه کنم
Ahora Bella estaba sola otra vez
حالا زیبایی دوباره تنها بود
Ella sintió mucha compasión
او احساس شفقت زیادی داشت
"Ay, es una lástima"
"افسوس که هزار حیف است"
"algo tan bueno no debería ser tan feo"
"هر چیزی که به این خوبی سرشتی داشته باشد نباید اینقدر زشت باشد"
Bella pasó tres meses muy contenta en palacio.
زیبایی سه ماه را با رضایت کامل در قصر گذراند
Todas las noches la bestia le hacía una visita.
هر روز غروب هیولا او را ملاقات می کرد
y hablaron durante la cena
و در هنگام شام صحبت کردند
Hablaban con sentido común
آنها با عقل سلیم صحبت کردند
Pero no hablaban con lo que la gente llama ingenio.
اما با چیزی که مردم شوخ طبعی می نامند صحبت نکردند
Bella siempre descubre algún carácter valioso en la bestia.
زیبایی همیشه شخصیت ارزشمندی را در هیولا کشف می کرد
y ella se había acostumbrado a su deformidad
و او به بدشکلی او عادت کرده بود
Ella ya no temía el momento de su visita.
او دیگر از زمان ملاقات او نمی ترسید

Ahora a menudo miraba su reloj.
حالا او اغلب به ساعتش نگاه می کرد
y ella no podía esperar a que fueran las nueve en punto
و او نمی توانست صبر کند تا ساعت نه شود
Porque la bestia nunca dejaba de venir a esa hora
زیرا وحش هرگز در آن ساعت از آمدن غافل نشد
Sólo había una cosa que preocupaba a Bella.
فقط یک چیز مربوط به زیبایی بود
Todas las noches antes de irse a dormir la bestia le hacía la misma pregunta.
هر شب قبل از رفتن به رختخواب، جانور همین سوال را از او می پرسید
El monstruo le preguntó si sería su esposa.
هیولا از او پرسید که آیا همسرش خواهد بود؟
Un día ella le dijo: "bestia, me pones muy nerviosa"
یک روز به او گفت" :جانور، تو مرا خیلی ناراحت می کنی "
"Me gustaría poder consentir en casarme contigo"
"کاش میتونستم با تو ازدواج کنم "
"Pero soy demasiado sincero para hacerte creer que me casaría contigo"
"اما من آنقدر صمیمانه هستم که نمی توانم باور کنی با تو ازدواج خواهم کرد "
"nuestro matrimonio nunca se realizará"
"ازدواج ما هرگز اتفاق نخواهد افتاد "
"Siempre te veré como un amigo"
"من همیشه تو را به عنوان یک دوست خواهم دید "
"Por favor, trate de estar satisfecho con esto"
"لطفا سعی کنید به این راضی باشید "
"Debo estar satisfecho con esto", dijo la bestia.
جانور گفت» :باید به این راضی باشم
"Conozco mi propia desgracia"
"من بدبختی خودم را می دانم "
"pero te amo con el más tierno cariño"
"اما من تو را با لطیف ترین محبت دوست دارم "
"Sin embargo, debo considerarme feliz"
"با این حال، من باید خودم را خوشحال بدانم "

"Y me alegraría que te quedaras aquí"
"و من باید خوشحال باشم که تو اینجا می مانی"
"Prométeme que nunca me dejarás"
"به من قول بده که هرگز ترکم نکنی"
Bella se sonrojó ante estas palabras.
زیبایی از این کلمات سرخ شد
Un día Bella se estaba mirando en el espejo.
یک روز زیبایی در آینه او نگاه می کرد
Su padre se había preocupado muchísimo por ella.
پدرش نگران او شده بود
Ella anhelaba verlo de nuevo más que nunca.
بیشتر از همیشه آرزو داشت دوباره او را ببیند
"Podría prometerte que nunca te abandonaré por completo"
"من می توانم قول بدهم که هرگز تو را به طور کامل ترک نکنم"
"Pero tengo un deseo tan grande de ver a mi padre"
"اما من خیلی آرزو دارم پدرم را ببینم"
"Me molestaría muchísimo si dijeras que no"
"اگر نه بگویید من به شدت ناراحت خواهم شد"
"Preferiría morir yo mismo", dijo el monstruo.
هیولا گفت: ترجیح دادم خودم بمیرم
"Prefiero morir antes que hacerte sentir incómodo"
"من ترجیح می دهم بمیرم تا اینکه تو را ناراحت کنم"
"Te enviaré con tu padre"
"من تو را نزد پدرت می فرستم"
"permanecerás con él"
"با او خواهی ماند"
"y esta desafortunada bestia morirá de pena en su lugar"
"و این جانور بدبخت در عوض با اندوه خواهد مرد"
"No", dijo Bella, llorando.
زیبایی گریان گفت: نه
"Te amo demasiado para ser la causa de tu muerte"
"من تو را آنقدر دوست دارم که دلیل مرگت باشم"
"Te doy mi promesa de regresar en una semana"
"من به شما قول می دهم که یک هفته دیگر برگردم"
"Me has demostrado que mis hermanas están casadas"
"تو به من نشان دادی که خواهرانم ازدواج کرده اند"

"y mis hermanos se han ido al ejército"

"و برادرانم به سربازی رفته اند "

"déjame quedarme una semana con mi padre, ya que está solo"

"اجازه دهید یک هفته پیش پدرم بمانم، زیرا او تنهاست "

"Estarás allí mañana por la mañana", dijo la bestia.

جانور گفت: فردا صبح آنجا خواهید بود

"pero recuerda tu promesa"

"اما قولت را به خاطر بسپار "

"Solo tienes que dejar tu anillo sobre una mesa antes de irte a dormir"

"فقط باید حلقه خود را قبل از رفتن به رختخواب روی میز بگذارید "

"Y luego serás traído de regreso antes de la mañana"

»و سپس شما را قبل از صبح باز گردانند «

"Adiós querida belleza", suspiró la bestia.

جانور آهی کشید" :خداحافظ زیبایی عزیز ".

Bella se fue a la cama muy triste esa noche.

زیبایی آن شب بسیار غمگین به رختخواب رفت

Porque no quería ver a la bestia tan preocupada.

چون نمی خواست جانور را اینقدر نگران ببیند

A la mañana siguiente se encontró en la casa de su padre.

صبح روز بعد او خود را در خانه پدرش یافت

Ella hizo sonar una campanita junto a su cama.

او زنگ کوچکی را کنار تختش به صدا درآورد

y la criada dio un grito fuerte

و خدمتکار فریاد بلندی کشید

y su padre corrió escaleras arriba

و پدرش به طبقه بالا دوید

Él pensó que iba a morir de alegría.

فکر می کرد از خوشحالی می میرد

La sostuvo en sus brazos durante un cuarto de hora.

ربع ساعت او را در آغوش گرفت

Finalmente los primeros saludos terminaron.

بالاخره اولین احوالپرسی به پایان رسید

Bella empezó a pensar en levantarse de la cama.

زیبایی به فکر بلند شدن از رختخواب افتاد

pero se dio cuenta de que no había traído ropa
اما متوجه شد که لباسی نیاورده است
pero la criada le dijo que había encontrado una caja
اما خدمتکار به او گفت که جعبه ای پیدا کرده است
El gran baúl estaba lleno de vestidos y batas.
صندوق عقب بزرگ پر از لباس مجلسی و لباس بود
Cada vestido estaba cubierto de oro y diamantes.
هر لباس با طلا و الماس پوشیده شده بود
Bella agradeció a la Bestia por su amable atención.
زیبایی از جانور به خاطر مراقبت مهربانش تشکر کرد
y tomó uno de los vestidos más sencillos
و یکی از ساده ترین لباس ها را گرفت
Ella tenía la intención de regalar los otros vestidos a sus hermanas.
او قصد داشت لباس های دیگر را به خواهرانش بدهد
Pero ante ese pensamiento el arcón de ropa desapareció.
اما در آن فکر سینه لباس ناپدید شد
La bestia había insistido en que la ropa era solo para ella.
جانور اصرار کرده بود که لباس ها فقط برای او هستند
Su padre le dijo que ese era el caso.
پدرش به او گفت که این چنین است
Y enseguida volvió el baúl de la ropa.
و بلافاصله صندوق عقب باز آمد
Bella se vistió con su ropa nueva
زیبایی خودش را با لباس های جدیدش پوشید
Y mientras tanto las doncellas fueron a buscar a sus hermanas.
و در این بین خدمتکاران برای یافتن خواهران او رفتند
Ambas hermanas estaban con sus maridos.
هر دو خواهرش با شوهرانشان بودند
Pero sus dos hermanas estaban muy infelices.
اما هر دو خواهرش بسیار ناراضی بودند
Su hermana mayor se había casado con un caballero muy guapo.
خواهر بزرگش با یک آقا بسیار خوش تیپ ازدواج کرده بود
Pero estaba tan enamorado de sí mismo que descuidó a su

esposa.
اما آنقدر به خودش علاقه داشت که از همسرش غافل شد
Su segunda hermana se había casado con un hombre ingenioso.
خواهر دومش با مردی شوخ ازدواج کرده بود
Pero usó su ingenio para atormentar a la gente.
اما او از شوخ طبعی خود برای عذاب مردم استفاده می کرد
Y atormentaba a su esposa sobre todo.
و بیشتر از همه همسرش را عذاب می داد
Las hermanas de Bella la vieron vestida como una princesa
خواهران زیبایی او را در لباس یک شاهزاده خانم دیدند
y se enfermaron de envidia
و از حسادت بیمار شدند
Ahora estaba más bella que nunca
حالا او زیباتر از همیشه بود
Su comportamiento cariñoso no pudo sofocar sus celos.
رفتار محبت آمیز او نتوانست حسادت آنها را خفه کند
Ella les contó lo feliz que estaba con la bestia.
او به آنها گفت که چقدر با این جانور خوشحال است
y sus celos estaban a punto de estallar
و حسادت آنها آماده ترکیدن بود
Bajaron al jardín a llorar su desgracia.
آنها به باغ رفتند تا از بدبختی خود گریه کنند
"¿En qué sentido esta pequeña criatura es mejor que nosotros?"
"این موجود کوچک از چه نظر بهتر از ماست؟ "
"¿Por qué debería estar mucho más feliz?"
"چرا او باید خیلی خوشحال تر باشد؟ "
"Hermana", dijo la hermana mayor.
خواهر بزرگتر گفت :خواهر
"Un pensamiento acaba de golpear mi mente"
"یک فکر به ذهنم رسید "
"Intentemos mantenerla aquí más de una semana"
"بیایید سعی کنیم او را بیش از یک هفته اینجا نگه داریم "
"Quizás esto enfurezca al tonto monstruo"
"شاید این هیولای احمقانه را خشمگین کند "

"porque ella hubiera faltado a su palabra"
"چون او حرف خود را شکست "
"y entonces podría devorarla"
"و سپس ممکن است او را ببلعد "
"Esa es una gran idea", respondió la otra hermana.
خواهر دیگر پاسخ داد" :این یک ایده عالی است ".
"Debemos mostrarle la mayor amabilidad posible"
"ما باید تا حد امکان به او مهربانی نشان دهیم "
Las hermanas tomaron esta resolución
خواهران این تصمیم خود را اعلام کردند
y se comportaron con mucho cariño con su hermana
و با خواهرشان بسیار محبت آمیز رفتار کردند
La pobre belleza lloró de alegría por toda su bondad.
زیبایی بیچاره از خوشحالی از این همه مهربانی گریست
Cuando la semana se cumplió, lloraron y se arrancaron el pelo.
وقتی هفته تمام شد، گریه کردند و موهای خود را پاره کردند
Parecían muy apenados por separarse de ella.
به نظر می رسید که آنها از جدایی با او بسیار متاسف بودند
y Bella prometió quedarse una semana más
و زیبایی قول داد که یک هفته بیشتر بماند
Mientras tanto, Bella no pudo evitar reflexionar sobre sí misma.
در این میان، زیبایی نمی توانست از تأمل در خود جلوگیری کند
Ella se preocupaba por lo que le estaba haciendo a la pobre bestia.
او نگران بود که با حیوان بیچاره چه می کند
Ella sabía que lo amaba sinceramente.
او می داند که او را صمیمانه دوست دارد
Y ella realmente anhelaba verlo otra vez.
و او واقعاً آرزو داشت دوباره او را ببیند
La décima noche también la pasó en casa de su padre.
دهمین شبی که او در خانه پدرش گذراند
Ella soñó que estaba en el jardín del palacio.
او خواب دید که در باغ قصر است
y soñó que veía a la bestia extendida sobre la hierba

و او در خواب دید که جانور را دراز شده روی علف ها دید
Parecía reprocharle con voz moribunda
به نظر می رسید که او را با صدایی در حال مرگ سرزنش می کند
y la acusó de ingratitud
و او را به ناسپاسی متهم کرد
Bella se despertó de su sueño.
زیبایی از خواب بیدار شد
y ella estalló en lágrimas
و او به گریه افتاد
"¿No soy muy malvado?"
"آیا من خیلی بد نیستم؟ "
"¿No fue cruel de mi parte actuar tan cruelmente con la bestia?"
"آیا این ظلم نبود که با این جانور چنین نامهربانی کنم؟ "
"La bestia hizo todo lo posible para complacerme"
"جانور هر کاری کرد تا من را راضی کند "
-¿Es culpa suya que sea tan feo?
-تقصیر خودشه که اینقدر زشته؟
¿Es culpa suya que tenga tan poco ingenio?
"این تقصیر اوست که اینقدر عقلش کم است؟ "
"Él es amable y bueno, y eso es suficiente"
»او مهربان و نیکوکار است و بس است «
"¿Por qué me negué a casarme con él?"
"چرا از ازدواج با او امتناع کردم؟ "
"Debería estar feliz con el monstruo"
"من باید با هیولا خوشحال باشم "
"Mira los maridos de mis hermanas"
"به شوهر خواهرانم نگاه کن "
"ni el ingenio ni la belleza los hacen buenos"
"نه شوخ طبع و نه خوش تیپ بودن آنها را خوب نمی کند "
"Ninguno de sus maridos las hace felices"
"هیچ یک از شوهرانشان آنها را خوشحال نمی کند "
"pero virtud, dulzura de carácter y paciencia"
»اما فضیلت و شیرینی خلق و خوی و صبر «
"Estas cosas hacen feliz a una mujer"
"این چیزها یک زن را خوشحال می کند "

"y la bestia tiene todas estas valiosas cualidades"

" و حیوان تمام این صفات ارزشمند را دارد "

"Es cierto; no siento la ternura del afecto por él"

"درست است، من لطافت محبت را نسبت به او احساس نمی کنم "

"Pero encuentro que tengo la más alta gratitud por él"

"اما من متوجه شدم که بالاترین سپاسگزاری را از او دارم "

"y tengo por él la más alta estima"

" و من بالاترین احترام را برای او قائل هستم "

"y él es mi mejor amigo"

" و او بهترین دوست من است "

"No lo haré miserable"

"من او را بدبخت نمی کنم "

"Si fuera tan desagradecido nunca me lo perdonaría"

"اگر اینقدر ناسپاس بودم هرگز خودم را نمی بخشیدم "

Bella puso su anillo sobre la mesa.

زیبایی حلقه اش را روی میز گذاشت

y ella se fue a la cama otra vez

و دوباره به رختخواب رفت

Apenas estaba en la cama cuando se quedó dormida.

کمیاب بود قبل از اینکه بخوابد در رختخواب بود

Ella se despertó de nuevo a la mañana siguiente.

صبح روز بعد دوباره از خواب بیدار شد

Y ella estaba muy contenta de encontrarse en el palacio de la bestia.

و او از اینکه خود را در قصر وحش یافت بسیار خوشحال شد

Ella se puso uno de sus vestidos más bonitos para complacerlo.

یکی از زیباترین لباس هایش را پوشید تا او را راضی کند

y ella esperó pacientemente la tarde

و او صبورانه منتظر عصر بود

llegó la hora deseada

ساعت آرزویی فرا رسید

El reloj dio las nueve, pero ninguna bestia apareció

ساعت نه را زد، اما هیچ جانوری ظاهر نشد

Bella entonces temió haber sido la causa de su muerte.

زیبایی پس از آن ترسید که او علت مرگ او باشد

Ella corrió llorando por todo el palacio.

او با گریه در اطراف قصر دوید

Después de haberlo buscado por todas partes, recordó su sueño.

بعد از اینکه همه جا دنبالش گشت، خوابش را به یاد آورد

y ella corrió hacia el canal en el jardín

و او به سمت کانال باغ دوید

Allí encontró a la pobre bestia tendida.

در آنجا جانور بیچاره را دراز کرده بود

y estaba segura de que lo había matado

و مطمئن بود که او را کشته است

Ella se arrojó sobre él sin ningún temor.

او بدون هیچ ترسی خود را روی او انداخت

Su corazón todavía latía

قلبش همچنان می تپید

Ella fue a buscar un poco de agua al canal.

او مقداری آب از کانال آورد

y derramó el agua sobre su cabeza

و آب را روی سر او ریخت

La bestia abrió los ojos y le habló a Bella.

جانور چشمانش را باز کرد و با زیبایی صحبت کرد

"Olvidaste tu promesa"

"تو قولت را فراموش کردی"

"Me rompió el corazón haberte perdido"

"من خیلی دلم شکست که تو را از دست دادم"

"Resolví morirme de hambre"

"تصمیم گرفتم از گرسنگی بمیرم"

"pero tengo la felicidad de verte una vez más"

"اما من خوشحالم که یک بار دیگر شما را می بینم"

"Así tengo el placer de morir satisfecho"

"پس من خوشحالم که راضی بمیرم"

"No, querida bestia", dijo Bella, "no debes morir".

زیبایی گفت: نه، جانور عزیز، تو نباید بمیری.

"Vive para ser mi marido"

"زندگی کن تا شوهر من شوی"

"Desde este momento te doy mi mano"

"از این لحظه دستم را به تو می دهم "
"Y juro no ser nadie más que tuyo"
"و قسم می خورم که جز مال تو نباشم "
"¡Ay! Creí que sólo tenía una amistad para ti"
"افسوس إفکر می کردم فقط برای تو دوستی دارم "
"Pero el dolor que ahora siento me convence;"
اما اندوهی که اکنون احساس می کنم مرا متقاعد می کند .
"No puedo vivir sin ti"
"من نمی توانم بدون تو زندگی کنم"
Bella apenas había dicho estas palabras cuando vio una luz.
زیبایی کمیاب وقتی نوری را دید این کلمات را گفته بود
El palacio brillaba con luz
کاخ از نور می درخشید
Los fuegos artificiales iluminaron el cielo
آتش بازی آسمان را روشن کرد
y el aire se llenó de música
و هوا پر از موسیقی شد
Todo daba aviso de algún gran acontecimiento
همه چیز حکایت از یک رویداد بزرگ داشت
Pero nada podía captar su atención.
اما هیچ چیز نتوانست توجه او را جلب کند
Ella se volvió hacia su querida bestia.
او رو به جانور عزیزش کرد
La bestia por la que ella temblaba de miedo
جانوری که برایش از ترس می لرزید
¡Pero su sorpresa fue grande por lo que vio!
اما تعجب او از چیزی که دید عالی بود !
La bestia había desaparecido
جانور ناپدید شده بود
En cambio, vio al príncipe más encantador.
در عوض او دوست داشتنی ترین شاهزاده را دید
Ella había puesto fin al hechizo.
او به طلسم پایان داده بود
Un hechizo bajo el cual se parecía a una bestia.
طلسمی که تحت آن شبیه یک جانور بود
Este príncipe era digno de toda su atención.

این شاهزاده ارزش تمام توجه او را داشت
Pero no pudo evitar preguntar dónde estaba la bestia.
اما نمی‌توانست بپرسد جانور کجاست
"Lo ves a tus pies", dijo el príncipe.
شاهزاده گفت :او را در پای خود می بینید
"Un hada malvada me había condenado"
"پری بدجنس مرا محکوم کرده بود "
"Debía permanecer en esa forma hasta que una hermosa princesa aceptara casarse conmigo"
"قرار بود در این شکل بمانم تا زمانی که یک شاهزاده خانم زیبا با من ازدواج کند "
"El hada ocultó mi entendimiento"
"پری درک من را پنهان کرد "
"Fuiste el único lo suficientemente generoso como para quedar encantado con la bondad de mi temperamento"
"تو تنها کسی بودی که به اندازه کافی سخاوتمند بودی که مجذوب خوبی خلق و خوی من شدی "
Bella quedó felizmente sorprendida
زیبایی با خوشحالی شگفت زده شد
Y le dio la mano al príncipe encantador.
و او دست خود را به شاهزاده جذاب داد
Entraron juntos al castillo
با هم به داخل قلعه رفتند
Y Bella se alegró mucho al encontrar a su padre en el castillo.
و زیبایی از یافتن پدرش در قلعه بسیار خوشحال شد
y toda su familia estaba allí también
و تمام خانواده او نیز آنجا بودند
Incluso Bella dama que apareció en su sueño estaba allí.
حتی بانوی زیبایی که در رویای او ظاهر شد آنجا بود
"Belleza", dijo la dama del sueño.
خانم از رویا گفت :زیبایی
"ven y recibe tu recompensa"
"بیا و پاداش خود را دریافت کن "
"Has preferido la virtud al ingenio o la apariencia"
"شما فضیلت را بر شوخ طبعی یا ظاهر ترجیح داده اید "
"Y tú mereces a alguien en quien se unan estas cualidades"

"و شما سزاوار کسی هستید که این خصوصیات در آن متحد باشد "
"vas a ser una gran reina"
"شما یک ملکه بزرگ خواهید شد "
"Espero que el trono no disminuya vuestra virtud"
"امیدوارم تاج و تخت از فضیلت شما کم نکند "
Entonces el hada se volvió hacia las dos hermanas.
سپس پری رو به دو خواهر کرد
"He visto dentro de vuestros corazones"
"من درون قلب شما را دیده ام "
"Y sé toda la malicia que contienen vuestros corazones"
"و من می دانم تمام بدی هایی که در قلب شما وجود دارد "
"Ustedes dos se convertirán en estatuas"
"شما دو نفر مجسمه خواهید شد "
"pero mantendréis vuestras mentes"
"اما شما ذهن خود را حفظ خواهید کرد "
"estarás a las puertas del palacio de tu hermana"
"تو باید جلوی دروازه های قصر خواهرت بایستی "
"La felicidad de tu hermana será tu castigo"
"خوشبختی خواهرت مجازات تو خواهد بود "
"No podréis volver a vuestros antiguos estados"
"شما نمی توانید به وضعیت قبلی خود بازگردید "
"A menos que ambos admitan sus errores"
"مگر اینکه هر دوی شما اشتباهات خود را بپذیرید "
"Pero preveo que siempre permaneceréis como estatuas"
"اما من پیش بینی می کنم که شما همیشه مجسمه خواهید ماند "
"El orgullo, la ira, la gula y la ociosidad a veces se vencen"
"غرور، خشم، پرخوری و بطالت گاهی غلبه می کنند "
" pero la conversión de las mentes envidiosas y maliciosas son milagros"
"اما تبدیل ذهن حسود و بدخواه معجزه است "
Inmediatamente el hada dio un golpe con su varita.
بلافاصله پری با عصای خود سکته کرد
Y en un momento todos los que estaban en el salón fueron transportados.
و در یک لحظه تمام کسانی که در سالن بودند منتقل شدند
Habían entrado en los dominios del príncipe.

آنها به قلمرو شاهزاده رفته بودند
Los súbditos del príncipe lo recibieron con alegría.
رعایای شاهزاده او را با شادی پذیرفتند
El sacerdote casó a Bella y la bestia
کشیش با زیبایی و هیولا ازدواج کرد
y vivió con ella muchos años
و سالها با او زندگی کرد
y su felicidad era completa
و شادی آنها کامل شد
porque su felicidad estaba fundada en la virtud
زیرا سعادت آنها بر پایه فضیلت استوار بود

El fin
پایان

www.tranzlaty.com

www.ingramcontent.com/pod-product-compliance
Lightning Source LLC
Chambersburg PA
CBHW011555070526
44585CB00023B/2619
* 9 7 8 1 8 0 5 7 2 0 8 7 4 *